AF220385

Impressum
Verlag: BABADADA GmbH, Nedderfeld 112 , 22529 Hamburg
Geschäftsführer / Verlagsleitung: Harald Hof
Druck: Books on Demand GmbH, In de Tarpen 42, 22848 Norderstedt

Imprint
Publisher: BABADADA GmbH, Nedderfeld 112 , 22529 Hamburg, Germany
Managing Director / Publishing direction: Harald Hof
Print: Books on Demand GmbH, In de Tarpen 42, 22848 Norderstedt

baruumsaa

école

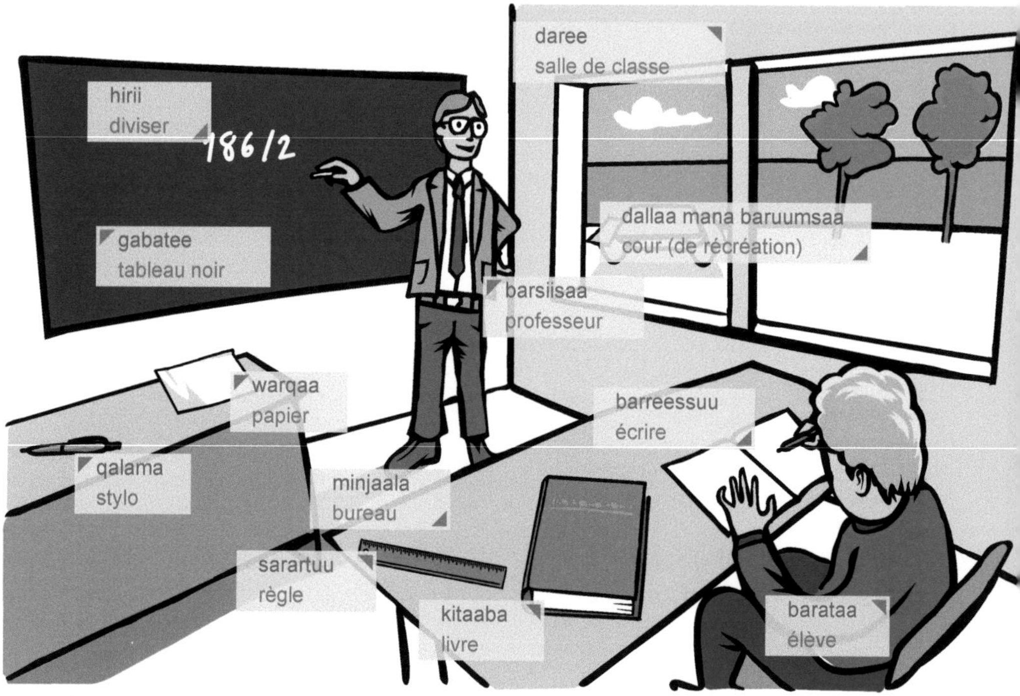
daree
salle de classe
hirii
diviser
186/2
gabatee
tableau noir
dallaa mana baruumsaa
cour (de récréation)
barsiisaa
professeur
warqaa
papier
barreessuu
écrire
qalama
stylo
minjaala
bureau
sarartuu
règle
kitaaba
livre
barataa
élève

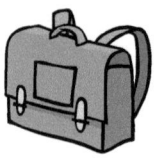

korojoo baattamu
....
cartable

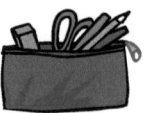

teessoo irsaasii
....
trousse

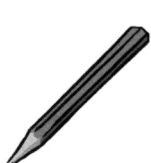

irsaasii
....
crayon

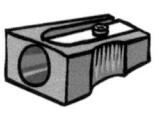

qartuu irsaasii
....
taille-crayon

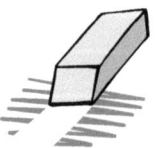

haqxuu
....
gomme

paadii fakkii
....
carnet à dessin

fakkii
dessin

burusha halluu
pinceau

saanduqa halluu
boîte de peinture

maqasa
ciseaux

maxxansituu
colle

daftara
cahier d'exercices

hojii manaa
devoirs

lakkoofsa
chiffre

ida'ii
additionner

hir;isi
soustraire

bay;isi
multiplier

heerregii
calculer

xalayaa
lettre

tarree qubee
alphabet

jecha
mot

kitaaba barataa

texte

dubbisuu

lire

biroonkii

craie

baruumsa

leçon

galmeessuu

livre de classe

qormaata

examen

raga barreeffamaa

certificat

uffata mana baruumsaa

uniforme scolaire

barnoota

formation

insaaykiloopeediyaa

lexique

yuunivarstii

université

maaykiroos kooppii

microscope

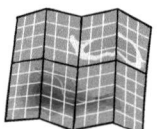

kaartaa

carte

qircaata gatoo

corbeille à papier

imala
voyage

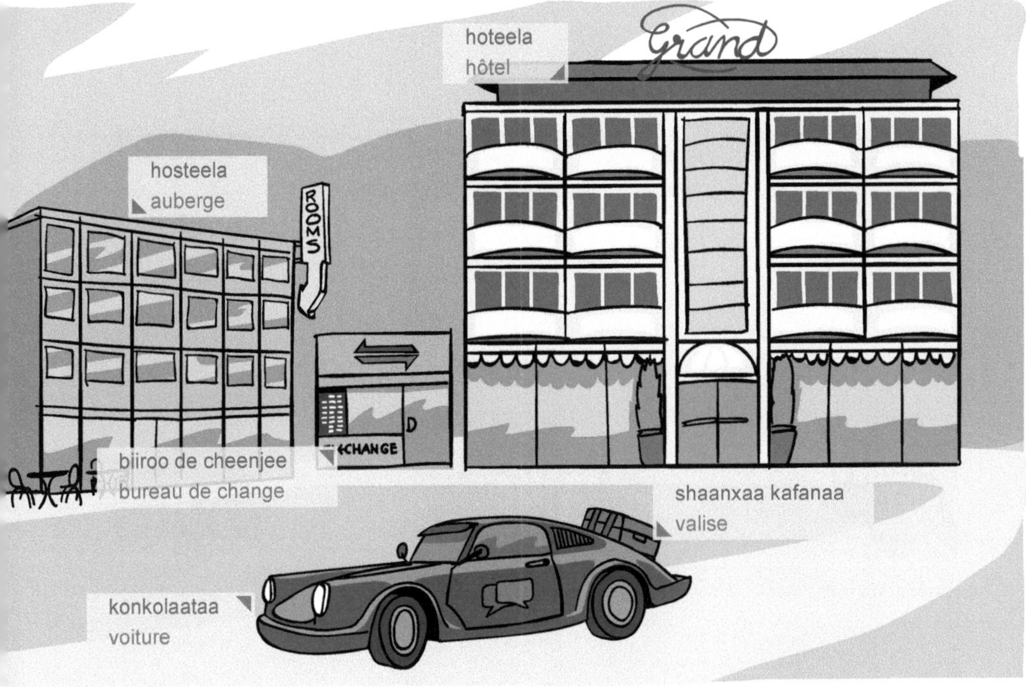

hoteela
hôtel
Grand
hosteela
auberge
ROOMS
€CHANGE
biiroo de cheenjee
bureau de change
shaanxaa kafanaa
valise
konkolaataa
voiture

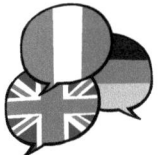

afaan
langue

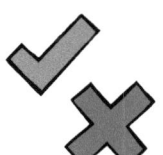

eyyeen / mitii
oui / non

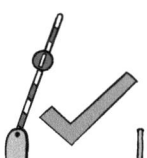

haa ta'u
d'accord

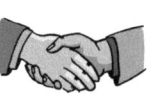

heloo
Salut

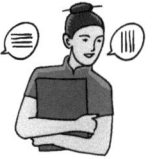

turjmaana
interprète

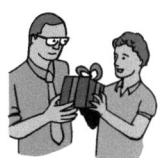

galatoomaa
merci

meeqa

Combien coûte...?

naaf hingalle

Je ne comprends pas

rakkoo

problème

akkam ooltan

Bonsoir !

akkam bultan?

Bonjour !

halkan gaarii

Bonne nuit !

nagaatti nagaatti

Au revoir

kallattii

direction

ba'aa imalaa

bagages

korojoo

sac

ba'aa dugdaa

sac-à-dos

keessummaas

hôte

kutaa

pièce

korojoo hirriibaa

sac de couchage

dukkaana

tente

odeeffannoo turistii

office de tourisme

qarqara haroo

plage

kireedit kaardii

carte de crédit

ciree

petit-déjeuner

laaqana

déjeuner

irbaata

dîner

tikkeetii

billet

liiftii

ascenseur

chaappaa

timbre

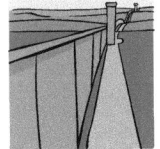

daangaa

frontière

barmaatilee

douane

embaasii

ambassade

viizaa

visa

paasspoortii

passeport

geejiba

transport

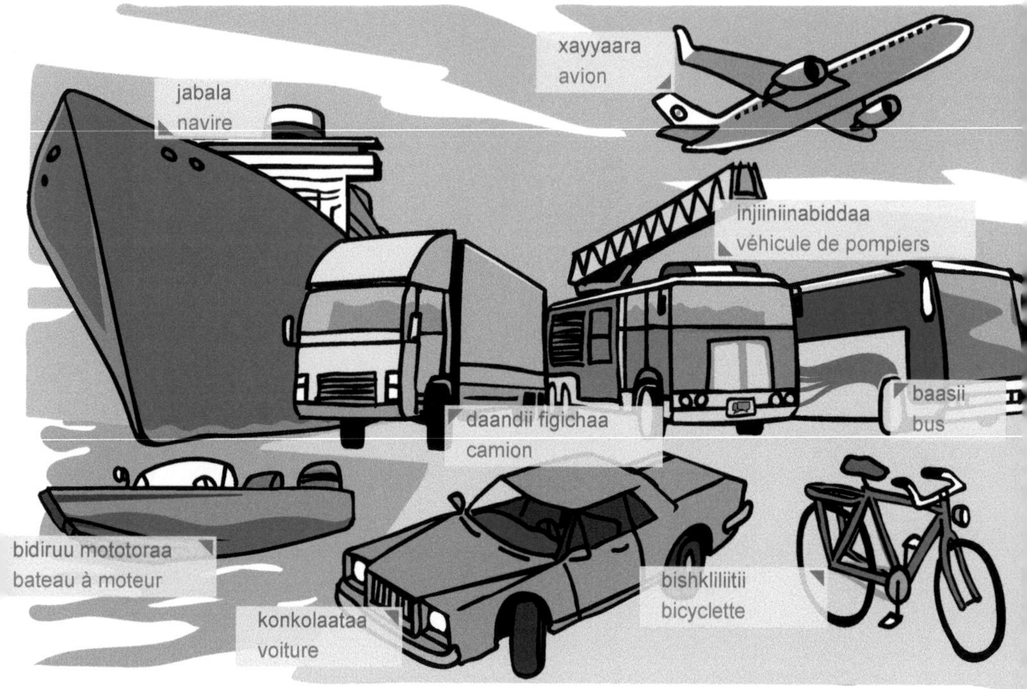

xayyaara
avion
jabala
navire
injiiniinabiddaa
véhicule de pompiers
baasii
bus
daandii figichaa
camion
bidiruu mototoraa
bateau à moteur
bishkliliitii
bicyclette
konkolaataa
voiture

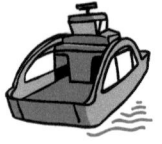

bidiruu deeddebii

ferry

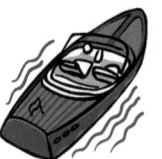

bidiruu

barque

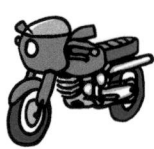

doqdoqqee

moto

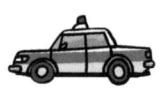

konkolaataa foolisaa

voiture de police

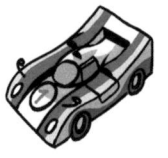

konkolaataa dorgommii

voiture de course

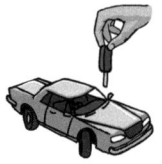

konkolaataa kiraa

voiture de location

konkolataa waliin gahuu

auto-partage

marsaa boqqoonna

voiture de remorquage

daandii dhorkaa

benne à ordures

motora

moteur

boba'aa

essence

buufata boba'aa

station d'essence

mallattoo tiraafikaa

panneau indicateur

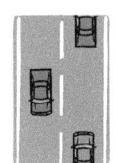

tiraafika

trafic

cuccufaa daandii
konkolaataa

embouteillage

dhaabbii konkolaataa

parking

buufata baburaa

gare

konkolaataa guddaa

rails

baabura

train

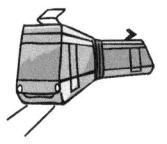

baabura eleektirikaa

tramway

gaarii fardaa

wagon

helikooftara

hélicoptère

buufata xayyaaraa

aéroport

qooxii

tour

keessummaa

passager

konteenara

conteneur

kaartunii

carton

gaarii

chariot

qirccaata

corbeille

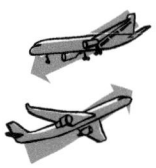

barrisuu / qubachuu

décoller / atterrir

magaalaa gudaa
ville

araddaa

village

handhuura magaalaa

centre-ville

mana

maison

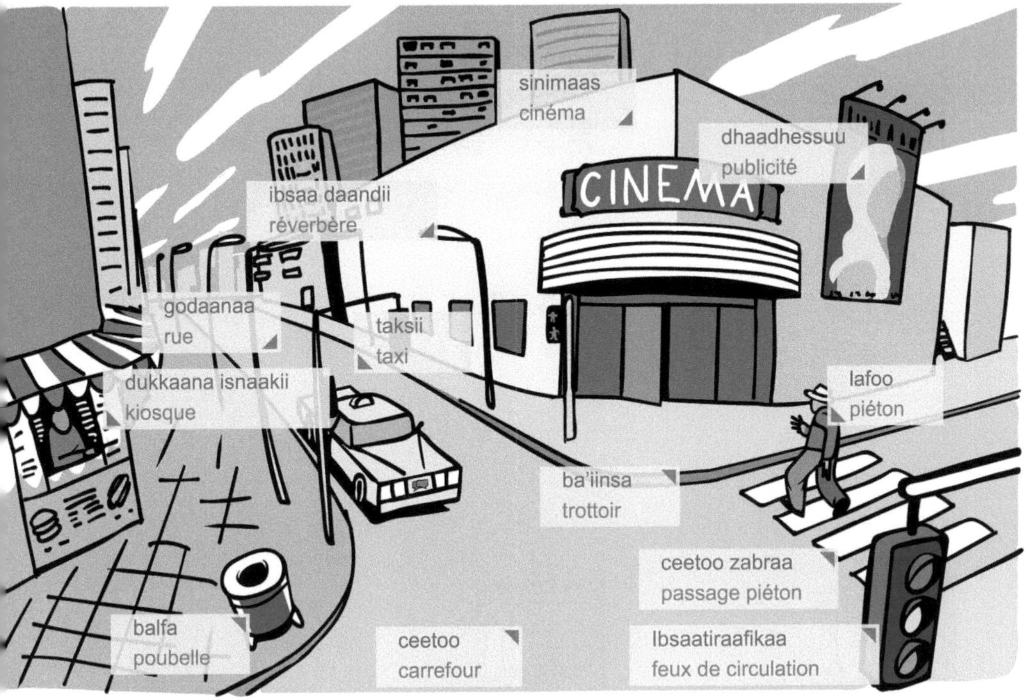
sinimaas
cinéma
dhaadhessuu
publicité
CINEMA
ibsaa daandii
réverbère
godaanaa
rue
taksii
taxi
dukkaana isnaakii
kiosque
lafoo
piéton
ba'iinsa
trottoir
ceetoo zabraa
passage piéton
balfa
poubelle
ceetoo
carrefour
Ibsaatiraafikaa
feux de circulation

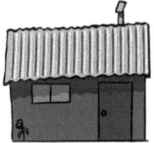

godoo

cabane

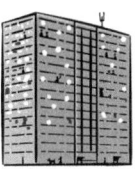

diriiraa

appartement

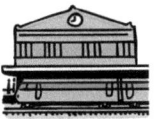

buufata baburaa

gare

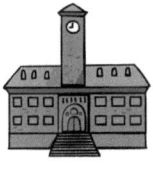

galma magaalaa

mairie

MUSEUM

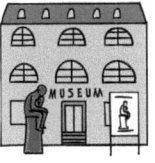

muuziyeemii

musée

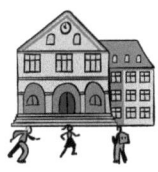

baruumsaa

école

yuunivarstii

université

baankii

banque

hospitaala

hôpital

hoteela

hôtel

mana qorichaa

pharmacie

waajjira

bureau

dukkana kitaabaa

librairie

dukkaana

magasin

gurgurtuu abaabo

fleuriste

suppar maarkeetii

supermarché

gabaa

marché

kuusaa dame

grand magasin

kiyyeessituu qurxxummii

poissonnerie

giddu gala gabaa

centre commercial

buufata galaanaa

port

paarkii

parc

tessoo dalgee

banque

riqica

pont

sibsaabii

escaliers

Lafa jala

métro

holqa

tunnel

buufata konkolaataa

arrêt de bus

baarii

bar

mana nyaataa

restaurant

saanduqa poostaa

boîte à lettres

mallattoodaandii

panneau indicateur

idoo dhaabbii konkolaataa

parcmètre

dallaa beeladaa

zoo

haroo daakkaa

piscine

masgiida

mosquée

qonna

ferme

faalama

pollution

iddoo awwaalchaa

cimetière

charchii

église

dirree taphaa

aire de jeux

siidaa

temple

teechuma lafaa

paysage

baala
feuille

maxxansa beeksiisaa
panneau indicateur

karaa
chemin

huruufa magariisa
pré

dhakaa
pierre

nama lafoo deemu
randonneur

muka
arbre

laga
rivière

mrga
herbe

abaaboo
fleur

sulula

vallée

tabba

montagne

hara

lac

bosona

forêt

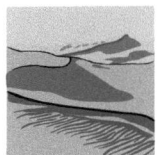

gammoojjii oo;aa

désert

dhooyinsalafaa

volcan

masaraa

château

sabbata waaqqaa

arc-en-ciel

jaarsa marqoo

champignon

muka teemiraa

palmier

bookee busaa

moustique

balali'uu

mouche

mixii

fourmis

kanniisa

abeille

sarariitii

araignée

boombii

coléoptère

hurrii

grenouille

shikookkoo

écureuil

xaddee

hérisson

beelada illeentii fakkaatu

lièvre

jajuu

chouette

simbira

oiseau

daakkiyyee

cygne

ifaannaa

sanglier

godaa

cerf

godaa ameerikaatti argamu

élan

riqicha

barrage

tarbaayinii buubbee

éolienne

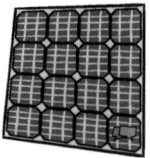

panaalii soolaarii

panneau solaire

haala qilleensaa

climat

mana nyaataa
restaurant

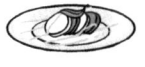

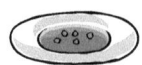

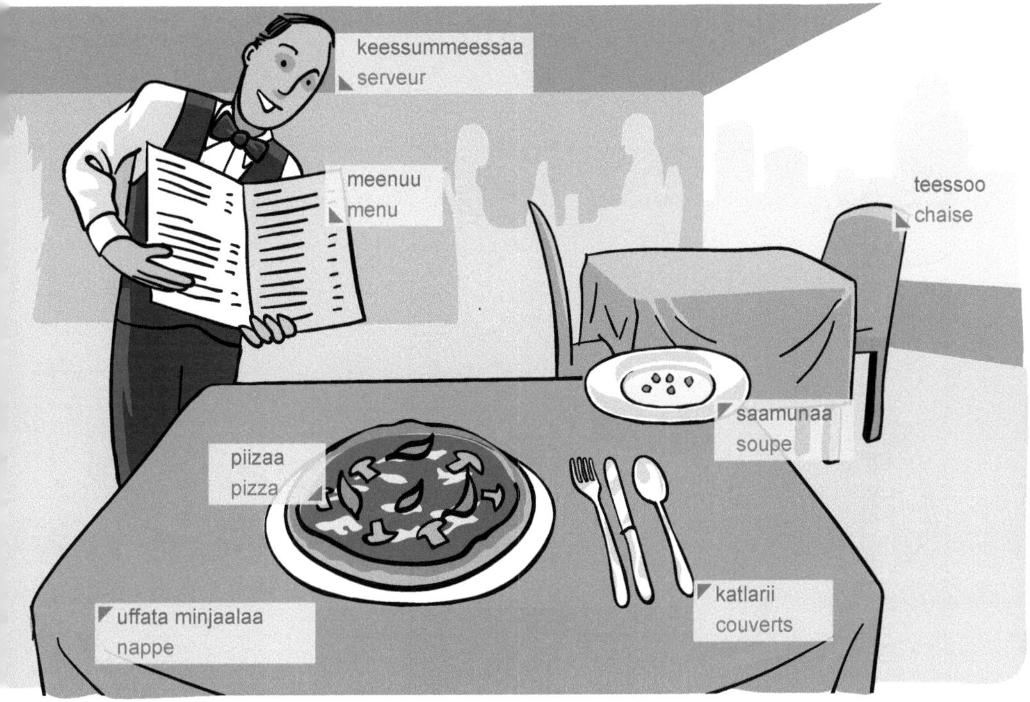
keessummeessaa
serveur
meenuu
menu
teessoo
chaise
saamunaa
soupe
piizaa
pizza
katlarii
couverts
uffata minjaalaa
nappe

calqabsiisaa
hors d'œuvre

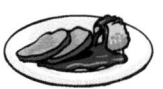

madda muummee
plat principal

deezaartii
dessert

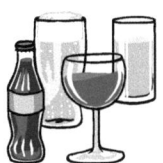

dhugaatii
boissons

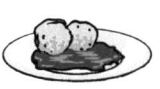

nyaata
alimentation

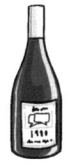

qaruuraa
bouteille

nyaata qophaa'aa

fast-food

nyaata karaa irraa

plats à emporter

markajii shaayii

théière

qodaa shukkaaraa

sucrier

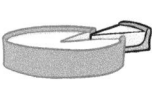

uwwisa

portion

maashina espereessoo

machine à expresso

teessoo ol ka'aa

chaise haute

nagahee

facture

tirii

plateau

hlbee

couteau

shuukkaa

fourchette

fal'aana

cuillère

fal'aana shaayii

cuillère à thé

uffrata minjaala nyaataa

serviette

burcuqqoo

verre

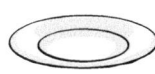

diiriiraa

assiette

teessoo saamunaa

assiette à soupe

teessoo siinii

soucoupe

sugoo

sauce

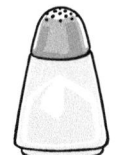

qodaa sooqiddaa

salière

daaktuu barbaree

moulin à poivre

hadhooftuu

vinaigre

zayita

huile

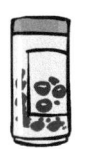

qimamii

épices

kachappii

ketchup

sanaafica

moutarde

maaynoneezii

mayonnaise

suppar maarkeetii
supermarché

kenaa addaa
offre promotionnelle
FOR
maamila
client
oomish aannanii
produits laitiers
fuduraa
fruits
baabura eelektirikaa
chariot

BUTCHERS

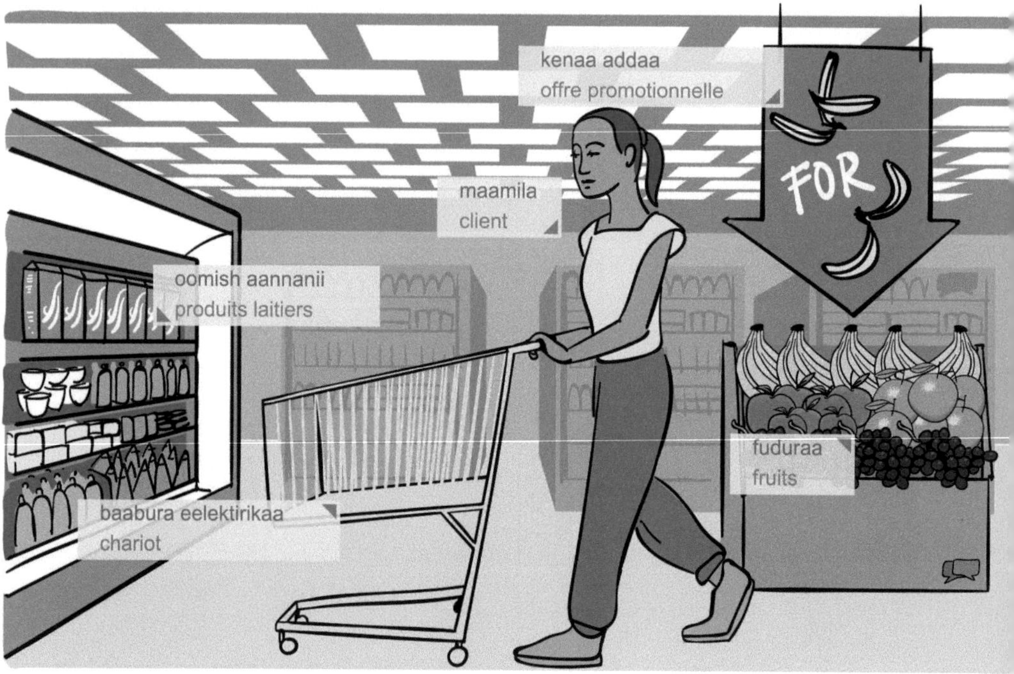

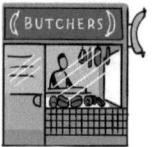

mana foonii

boucherie

BAKERY

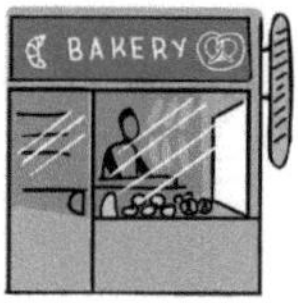

tolchituu

boulangerie

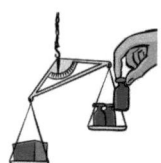

ulfaatina safaruu

peser

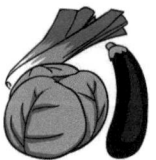

kuduraa

légumes

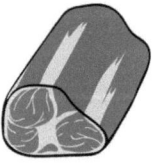

foon

viande

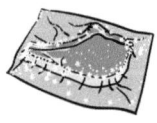

nyaataqorraa

aliments surgelés

foon qorraa

charcuterie

nyaata samsmaa

conserves

oomoo

poudre à lessive

mi'aawaa

bonbons

oomisha meeshaa manaa

articles ménagers

bu'aa qulqulleessuu

détergents

nama gurgurtaa

vendeuse

hanga

caisse

qarshi qabduu

caissier

taree gabaa

liste d'achats

sa'aatii baniinsaas

heures d'ouverture

krojoo qarshii kan dhiiraa

portefeuille

kireedit kaardii

carte de crédit

korojoo

sac

korojoo pilaastikaa

sac en plastique

boissons

bishaan

eau

cuunfaa

jus de fruit

aannani

lait

kookii

coca

wayinii

vin

biiraa

bière

alkoolii

alcool

kookaa

chocolat chaud

shaayii

thé

buna

café

espereesso

expresso

kaappuchuunoo

cappuccino

muuzii

banane

aappilii

pomme

burtukaana

orange

meeloonii

melon

loomii

citron

kaarotii

carotte

qullubbii adii

ail

leemmana

bambou

qullubbii

oignon

jaarsa marqoo

champignon

godoo

noisettes

gowwaa

pâtes

ispaageetii

spaghetti

ruuza

riz

salaaxaa

salade

chiipsii

pommes frites

moose affeelamaa

pommes de terre rôties

piizaa

pizza

hmbargarii

hamburger

saanduchii

sandwich

kotaleetii

escalope

foon booyyee kan luka
fuuiduraa

jambon

nyaata mi'eessituu fi
sooggiddan sukkummame

salami

sausage

saucisse

lukuu

poulet

waaddii

rôti

qurxummii

poisson

bulluqa aajjaa

flocons d'avoine

masliis

muesli

fandishaa

cornflakes

daakuu

farine

kiroosantii

croissant

daabboo-

petits-pains

daabboo

pain

dabboo oo'aa

pain grillé

buskuuta

biscuits

dhadhaa

beurre

itittuu

le fromage blanc

keekii

gâteau

buuphaa

œuf

buuphaa affeelamaa

œuf au plat

ayibii

fromage

aays kireemii
glace

shukkaara
sucre

damma
miel

marmaalaataa
confiture

chokkoleetii bittinnaa'aa
crème nougat

kuurii
curry

qonna
ferme

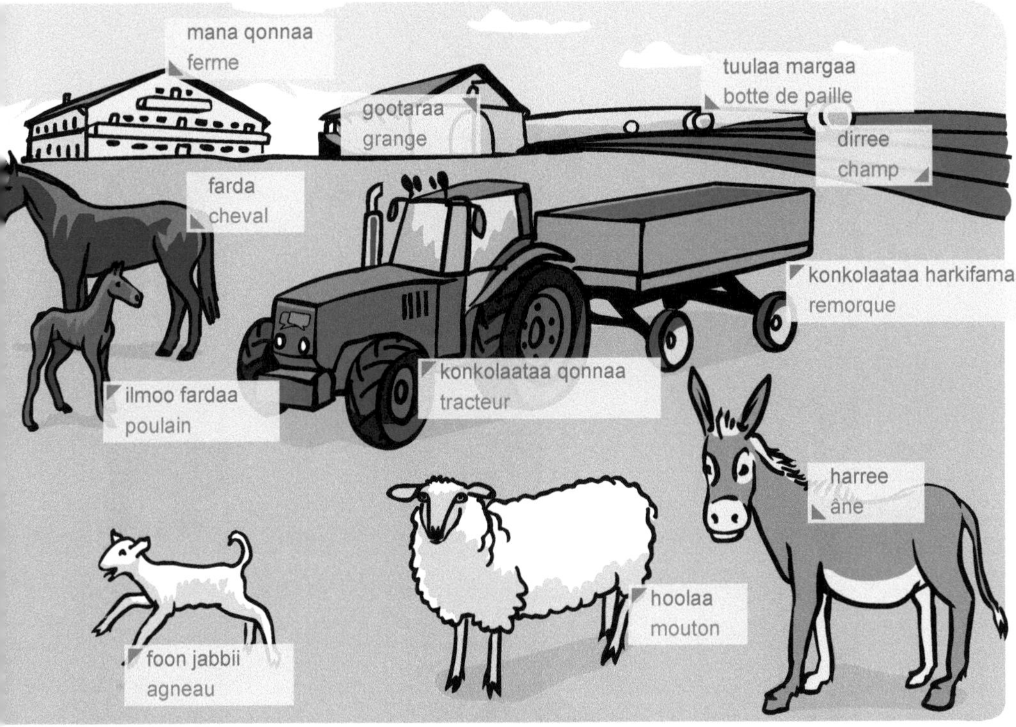
mana qonnaa
ferme
gootaraa
grange
tuulaa margaa
botte de paille
dirree
champ
farda
cheval
konkolaataa harkifamaa
remorque
ilmoo fardaa
poulain
konkolaataa qonnaa
tracteur
harree
âne
hoolaa
mouton
foon jabbii
agneau

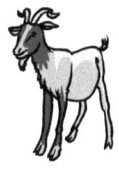

ra'ee

chèvre

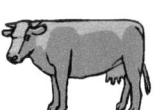

sa'a

vache

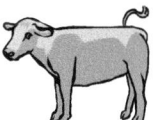

jabbilee

veau

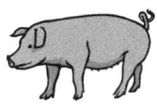

booyyee

porc

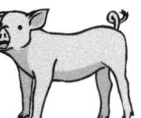

ilmoo booyyee

porcelet

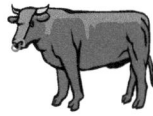

korma

taureau

ziyyee

oie

daakkiyyee

canard

lukkuu

poussin

lukkuu haadhoo

poule

lukkuu kormaa

coq

hantuuta

rat

adurree

chat

hantuuta goodaa

souris

qotiyyoo

bœuf

saree

chien

mana saree

chenil

ujjummoo oddoo

tuyau de jardin

kan ittin bishaan obaasan

arrosoir

haamtuu dheeraa

faucheuse

qotuu

charrue

haamtuu

faucille

gasoo

pioche

manshii

fourche

qotoo

hache

gaarii goommaa

brouette

suluula

cuve

meeshaa aannanii

pot à lait

keeshaa

sac

dallaa

clôture

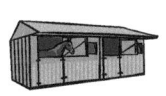

tasgabbii

étable

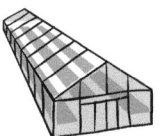

mana biqiltuu

serre

biyyee

sol

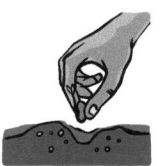

sanyii

semences

dachee gabbistuu

engrais

kmbaayinara haamaa

moissonneuse-batteuse

haamuu

récolter

haamuu

récolte

biqiltuu hundeen isaa nyaatamu

igname

qamadii

blé

sooy

soja

moose

pomme de terre

boqqoolloo

maïs

raappii siidii

colza

muka fudraa

arbre fruitier

kzaavaa

manioc

midhaan biilaa

céréales

mana
maison

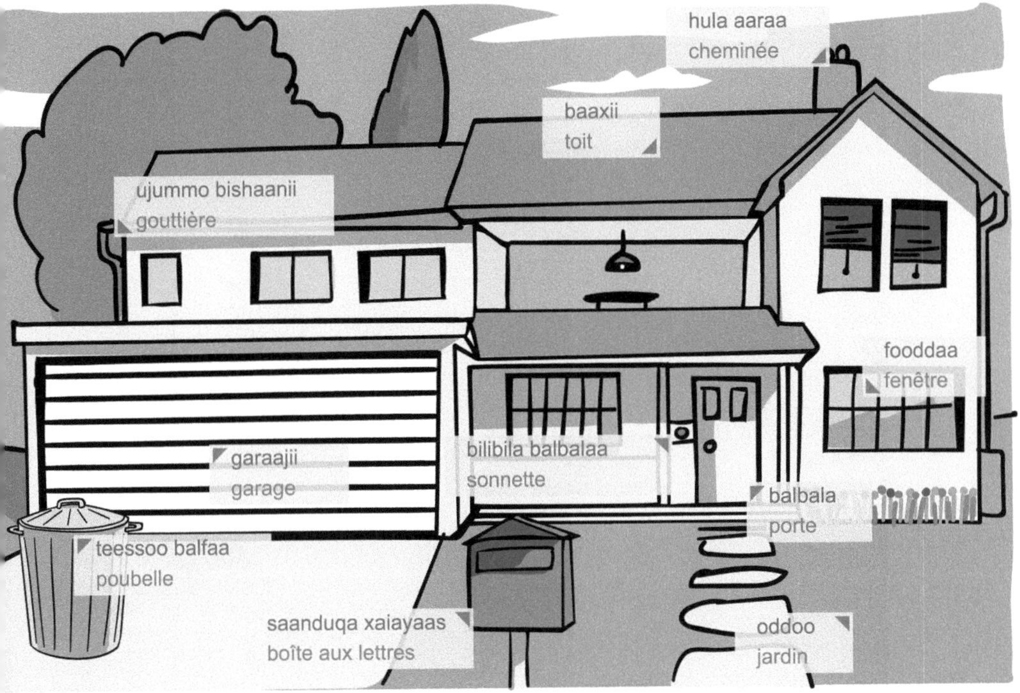
hula aaraa
cheminée
baaxii
toit
ujummo bishaanii
gouttière
fooddaa
fenêtre
garaajii
garage
bilibila balbalaa
sonnette
balbala
porte
teessoo balfaa
poubelle
saanduqa xaiayaas
boîte aux lettres
oddoo
jardin

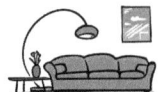

kutaa jireenyaa
salon

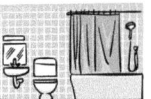

kutaa dhiqannaa
salle de bain

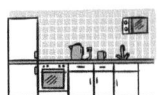

mana bilcheessaa
cuisine

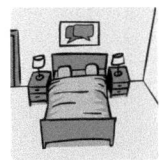

kutaa ciisichaa
chambre à coucher

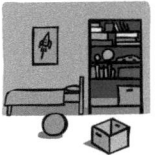

kutaa ijoollee
chambre d'enfant

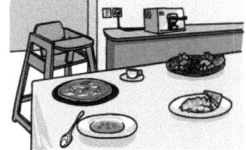

kutaa nyaataa
salle à manger

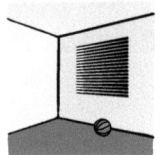

lafa

sol

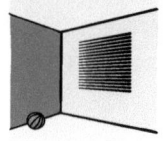

ededaa

mur

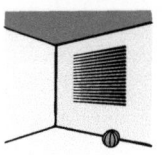

baaxii

plafond

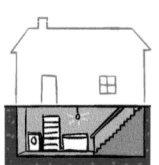

seelaarii

cave

saawunaa

sauna

baankoonii

balcon

madaba

terrasse

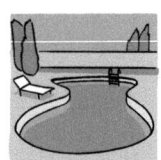

puulii

piscine

konkoolaataa haamaa

tondeuse à gazon

ansoolaa

housse

uffata siree

couette

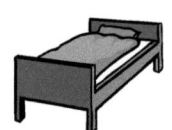

siree

lit

hartuu

balai

baaldii

sceau

cufuu

interrupteur

kutaa jireenyaa
salon

wolpeepparii
papier peint
fakkii
image
foon hoolaa
lampe
masalangaa
étagère
kaappi boordiis
armoire
tleviszinii
télé
midijjaa
cheminée
abaaboo
fleur
boraatiii
coussin
soofaa
sofa
tessoo abaaboo
vase
too'attuu halaalaa
télécommande

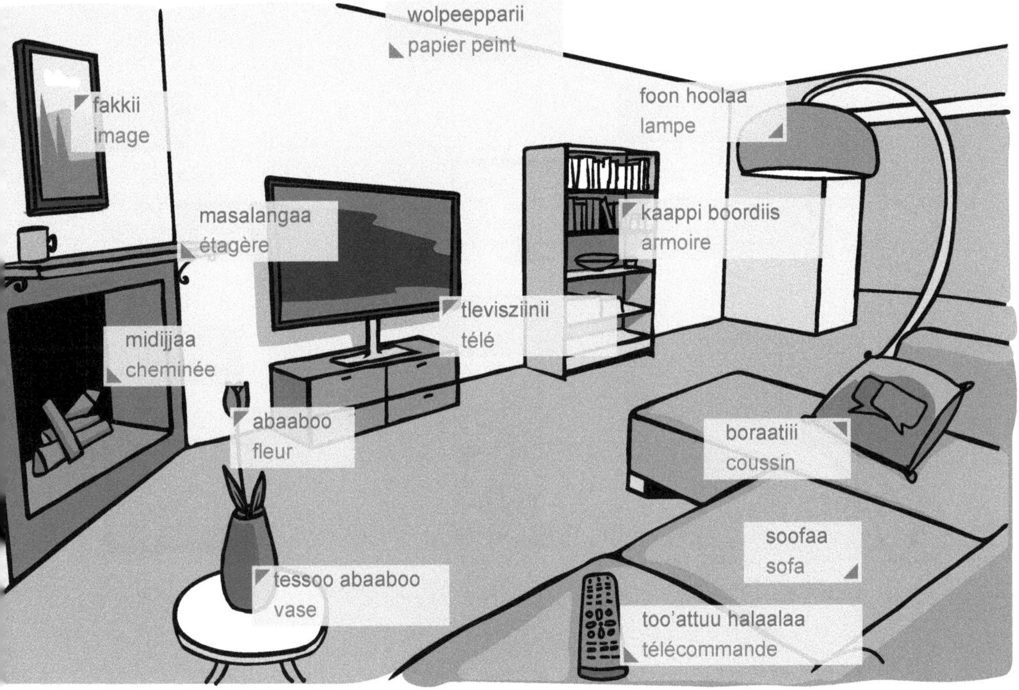

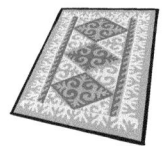

afata

tapis

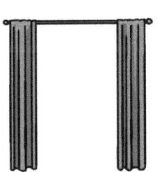

golgaa

rideau

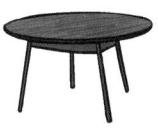

minjaala

table

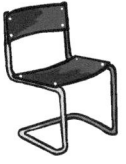

teessoo

chaise

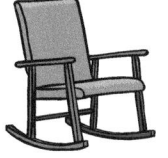

teessoo rarra'aa

chaise à bascule

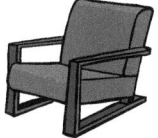

teesoo ciqilffannaa

fauteuil

kitaaba

livre

uffata qorraa

couverture

midhagina

décoration

muka qoraanii

bois de chauffage

fiilmii

film

meeshaa

chaîne hi-fi

furtuu

clé

gaazexaa

journal

dibuu

peinture

barjaa

poster

reedyoonii

radio

daftara yaadanoo

bloc-notes

meeshaa eeleektirikaa afata
quiqulleessu

aspirateur

laaftoo

cactus

dungoo

bougie

mana bilcheessaa
cuisine

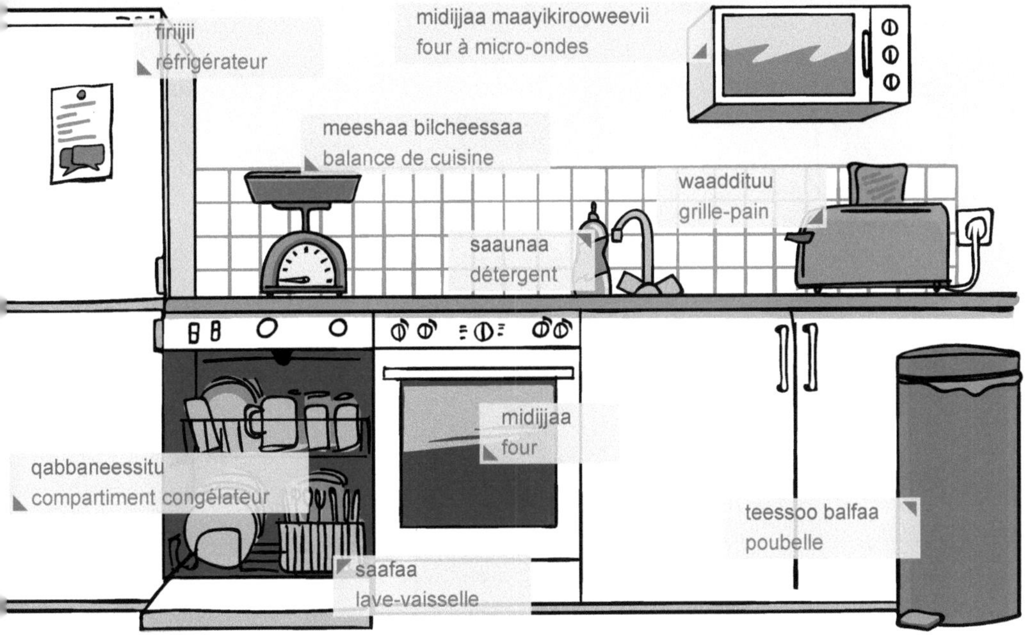

firiijii
réfrigérateur
midijjaa maayikirooweevii
four à micro-ondes
meeshaa bilcheessaa
balance de cuisine
waadditu
grille-pain
saaunaa
détergent
midijjaa
four
qabbaneessitu
compartiment congélateur
teessoo balfaa
poubelle
saafaa
lave-vaisselle

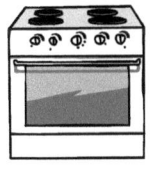

bilcheesssituu
....
four

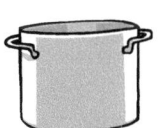

okkotee
....
casserole

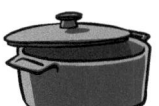

cast-iron pot
....
marmite

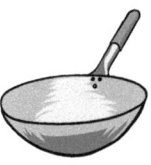

sataatee
....
wok / kadai

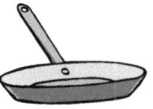

waadditu
....
poêle

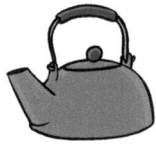

markajii
....
bouilloire electrique

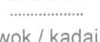

jabala humna urkaa

cuiseur vapeur

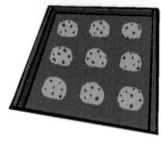

tirii bilcheessaa

plaque de cuisson

bantuu qaruuraa

vaisselle

geeba

gobelet

sayinaa

coupe

dibata hidhii

baguettes

cilfaa

louche

shuukkaa

spatule

areeda aduurree

fouet

dhimbiibduu

passoire

gingilchaa

tamis

meeshaa farfartuu

râpe

mooyyee

mortier

waadii abiddaa

barbecue

midijjaa

cheminée

maktafiyaa

planche à découper

martuu

rouleau à pâtisserie

bantuu qaruuraa

tire-bouchon

danda'uu

boîte

banuu danda'uu

ouvre-boîte

teesoo okkotee

maniques

lixuu

lavabo

buruushii

brosse

ispoonjii

éponge

meeshaa waliin makaa

mixeur

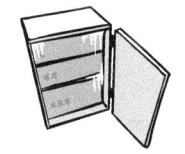

qabbaneessaa guddaa

congélateur

xuuxxoo

biberon

ujjuummoo

robinet

kutaa dhiqannaa

salle de bain

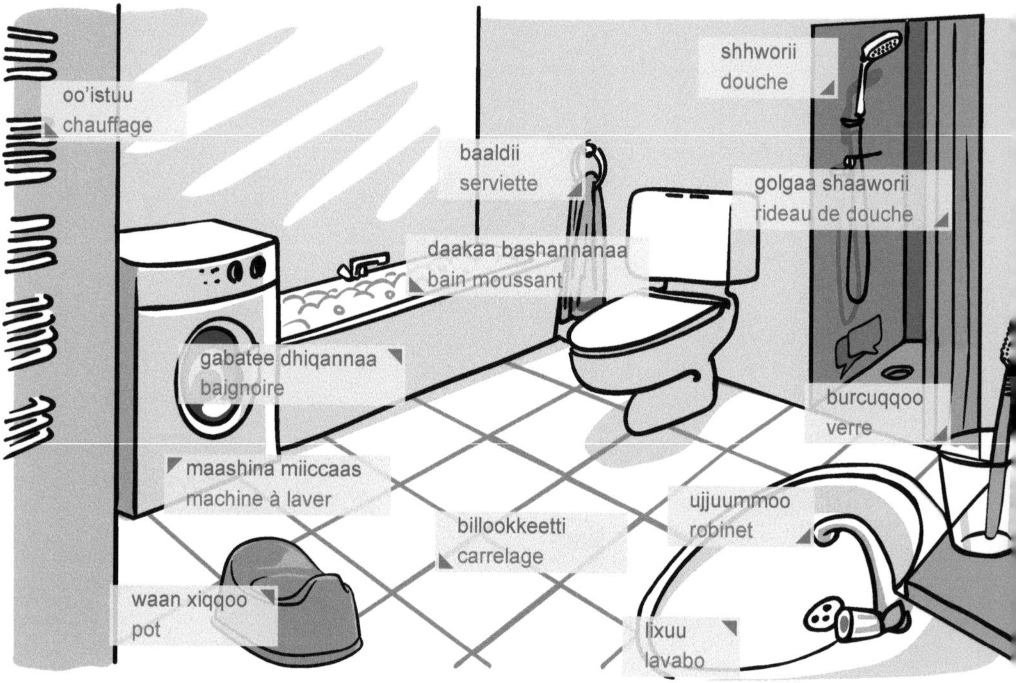

oo'istuu
chauffage
baaldii
serviette
shhworii
douche
golgaa shaaworii
rideau de douche
daakaa bashannanaa
bain moussant
gabatee dhiqannaa
baignoire
burcuqqoo
verre
maashina miiccaas
machine à laver
ujjuummoo
robinet
billookkeetti
carrelage
waan xiqqoo
pot
lixuu
lavabo

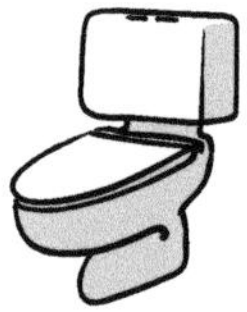

mana fincaanii

toilettes

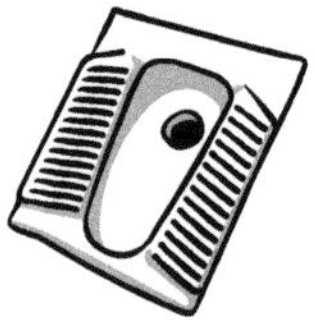

mana fincaanii taa'e

toilette à la turque

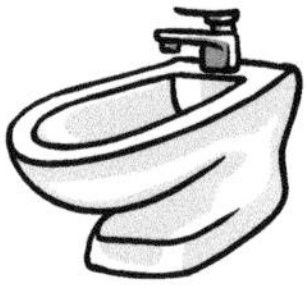

saafaa

bidet

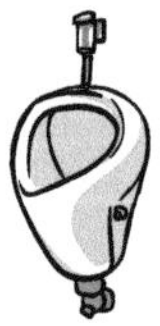

sahiinaa mana fincaanii

urinoir

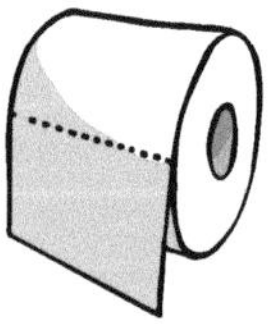

sooftii

papier toilette

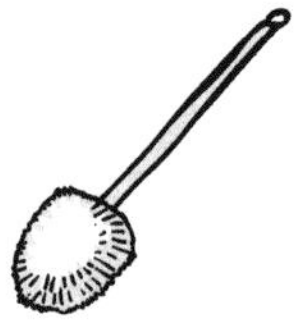

burusha mana fincaanii

brosse à toilette

buruushii ilkaanii

brosse à dents

saamunaa ilkaanii

dentifrice

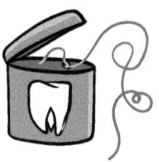

soqxuu ilkaanii

fil dentaire

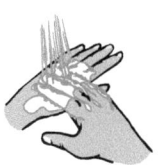

dhiquu

laver

qaama dhiqannaa aadaa

douche manuelle

kan dach

douche intime

sulula

vasque

mana dhiqataa

brosse dorsale

saamunaa

savon

dibata dhiqannaa boodaa

gel douche

shaampuu

shampooing

jejuu

gant de toilette

gogsuu

écoulement

kireemii

crème

dodoraantii

déodorant

daawitii	daawitii hrkaa	milaacii
miroir	miroir cosmétique	rasoir

dibata areedaas	diibata areedaa	filaa
mousse à raser	après-rasage	peigne
		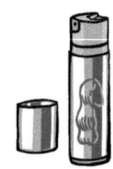
burusha	qoorsituu rifeensaa	hafuuftuu rifeensaa
brosse	sèche-cheveux	laque pour cheveux

meekaappii	lippistiikii	qeessa muculiksituu
fond de teint	rouge à lèvres	vernis à ongles

jirbii	murtuu qeessa	shittoo
ouate	coupe-ongles	parfum

korojoo dhiqannaa

trousse de toilette

gatteechuma

tabouret

iskeelii ulfaatinaa

pèse-personne

uffata dhiqannaa

peignoir

guwaantii pilaastikaa

gants de nettoyage

moodesii

tampon

fooxaa qulquulinaa

serviettes hygiéniques

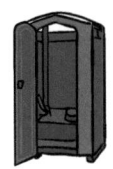

keemikaala mana fincaanii

toilette chimique

kutaa ijoollee
chambre d'enfant

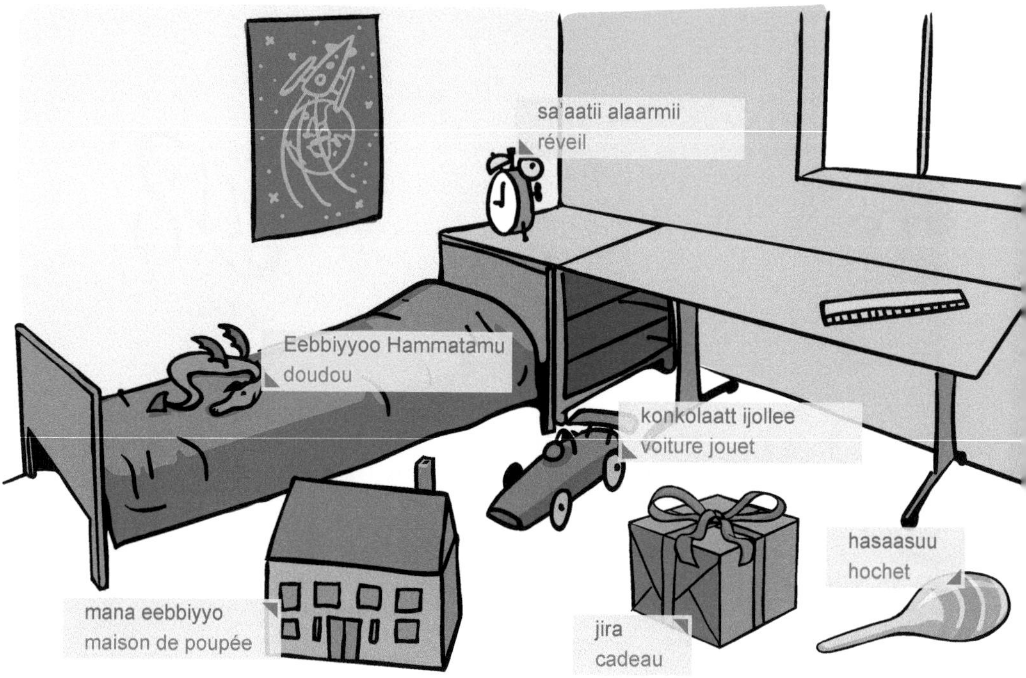

sa'aatii alaarmii
réveil
Eebbiyyoo Hammatamu
doudou
konkolaatt ijollee
voiture jouet
hasaasuu
hochet
mana eebbiyyo
maison de poupée
jira
cadeau

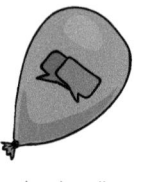

baaloonii
....
ballon

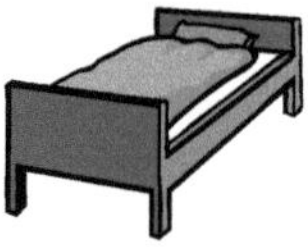

siree
....
lit

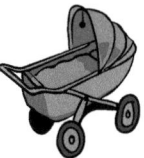

gaarii daa'imaa
....
poussette

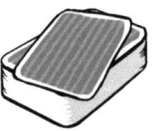

Minjaala Kaardii
....
jeu de cartes

akaafaa
....
puzzle

SUPER
MEGA

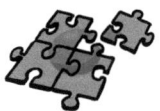

kofalchiisaa
....
bande dessinée

lego bricks

pièces lego

dlookii ijaarsaa

blocs de construction

lakkofsa gochaa

figurine

guddina daa'imaa

grenouillère

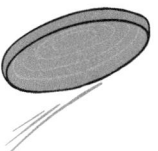

saahinaa taphaa

frisbee

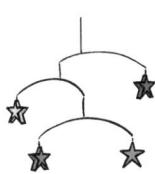

mobaayilii

mobile

gabatee taphaa

jeu de société

kuubii lakk. 1-6 qabu

dé

teessuma leenji'aa modeelaa

train miniature

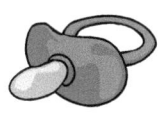

fakkii

sucette

afeerrii

fête

kitaaba fakii

livre d'images

kubbaa

balle

eebiyyoo

poupée

tapha

jouer

kutaa ijoollee - chambre d'enfant

43

boolla cirrachaa

bac à sable

hodhuu

balançoire

eebbiyyoo

jouets

konsoli tapha viidyoo

console de jeu

marsaa sadii

tricycle

eebiyyo hammatamtu

ours en peluche

sanduqaa dhaabbii

armoire

cuufinsa

vêtements

kaalsii

chaussettes

istookingii

bas

taayitii

collant

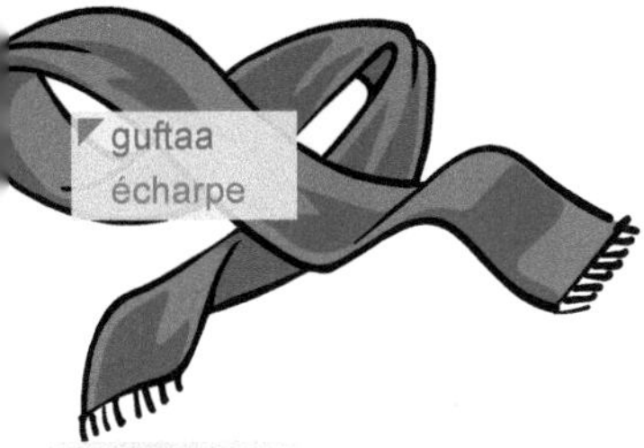

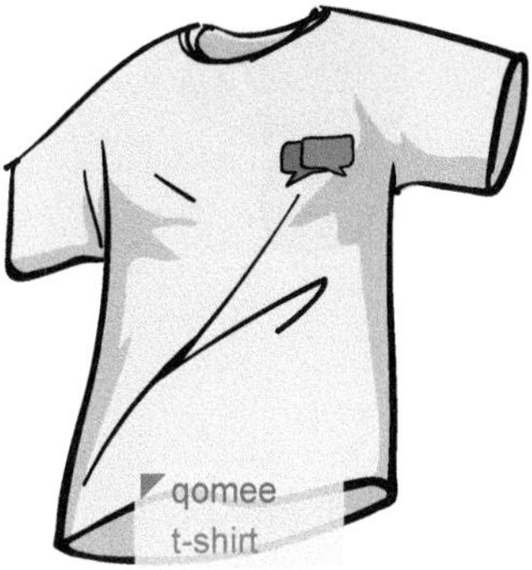

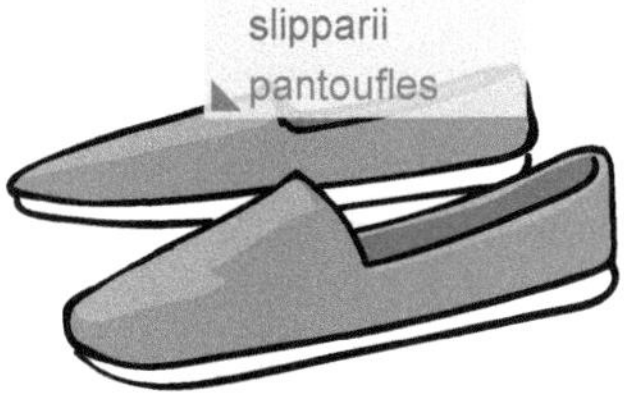

guftaa
écharpe

qabattoo
ceinture

dibaaboo
parapluie

qomee
t-shirt

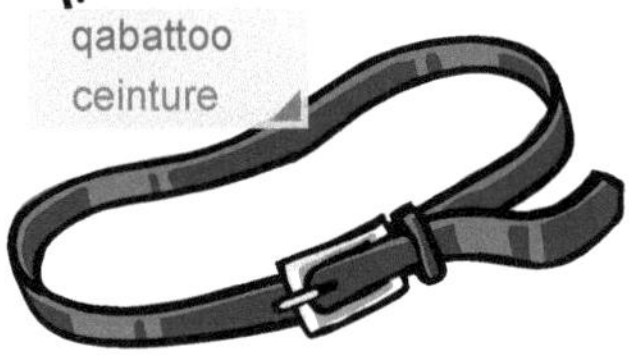

bidiruuwwan
bottes

slipparii
pantoufles

leenjitoota
baskets

kophee banaa
....
sandales

kophee
....
chaussures

bidiruu pilaastikaa
....
bottes de caoutchouc

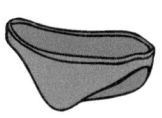

butaantaa
....
sous-vêtements

harmaa
....
soutien-gorge

sadariyyaa
....
maillot de corps

qaama

body

kofoo dheeraa

pantalon

jiinsii

jean

dalgee

jupe

shamiza

chemisier

shurraaba

chemise

shurraaba

pull

haaguuggii jaakkeettii

sweat à capuche

yuunifoormii

veste

jaakkeettii

veste

kootii

manteau

kafana roobaa

imperméable

barsuma

costume

wandaboo

robe

kafana gaa'ilaa

robe de mariée

kafana guutuu

costume

uffata halkanii

chemise de nuit

bijaamaa

pyjama

wandaboo hindii

sari

guftaa

foulard

marata

turban

burqaa

burqa

jalabiyyaa

caftan

abaya

abaya

kafana daakkaa

maillot de bain

mudhii

maillot de bain

kofoo gabaabaa

short

kafanafgichaa

tenue d'entraînement

appiroonii

tablier

guwwaantii

gants

furtuu
bouton

burcuqqoowwan
lunettes

gumee
bracelet

amartii
collier

qubeelaa
bague

glii
boucle d'oreille

geeba
bonnet

fanoo kootii
cintre

qoobii
chapeau

karbaata
cravate

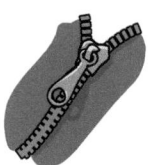

ziippii
fermeture éclair

heelmeetii
casque

collee
bretelles

uffata mana baruumsaa
uniforme scolaire

yuunifoormii
uniforme

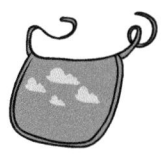

kafana gorooraa

bavoir

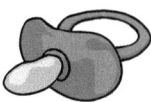

fakkii

sucette

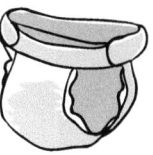

naappii

lange

waajjira

bureau

sarvarii
serveur
faayil kaabineetii
armoire d'archivage
piriintarii
imprimante
warqaa
papier
moonitarii
écran
maawzii
souris
minjaala
bureau
fooldarii
classeur
kiiboordii
clavier
teessoo
chaise
qircaata gatoo
corbeille à papier
kompitara
ordinateur

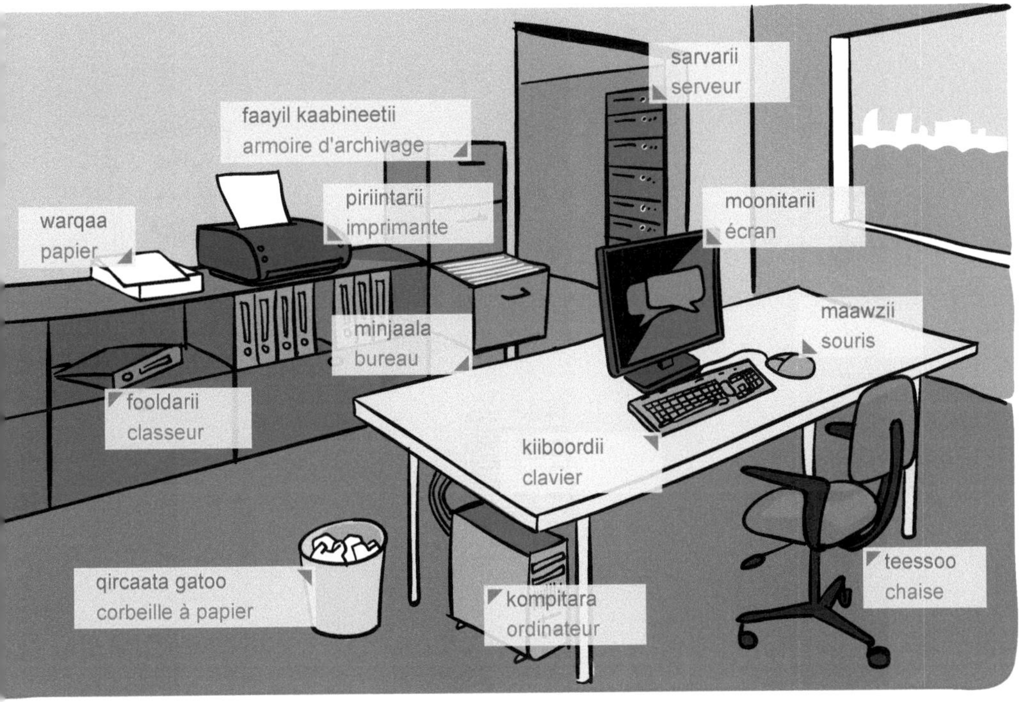

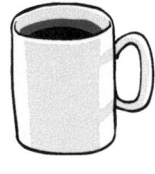

siinii bunaa

tasse de café

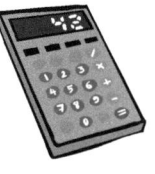

herregduu

calculatrice

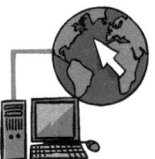

intarneetii

internet

lab tooppii

ordinateur portable

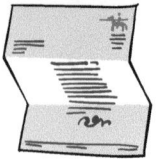

xalaya

lettre

ergaa

message

mobbyilii

portable

neetwoorkii

réseau

maashina footokoppii

photocopieuse

sooft weerii

logiciel

bilbila

téléphone

sookkeetii suuqii

prise

maashina faaksiis

fax

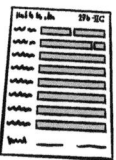

uunkaa

formulaire

dookimantii

document

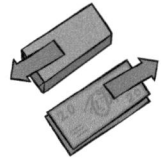

bituu

acheter

kafaluu

payer

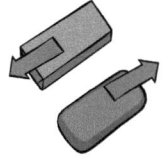

daldaluu

faire du commerce

qarshii

monnaie

doolaara

dollar

yuroou

euro

yen

yen

ruubilii

rouble

Farankaa swwiz

franc suisse

yuwaanii reenmiinbii

renminbi yuan

ruuppee

roupie

kaash pooyintii

distributeur automatique

biiroo de cheenjee
bureau de change

warqee
or

meeta
argent

zayita
pétrole

human
énergie

gatii
prix

koontiraata
contrat

taaksii
taxe

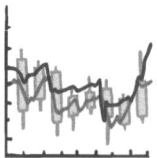

shaqaxa
action

hojjechuu
travailler

qacaramaa
employé

qacaraa
employeur

faabrikaas
usine

dukkaana
magasin

hojii
professions

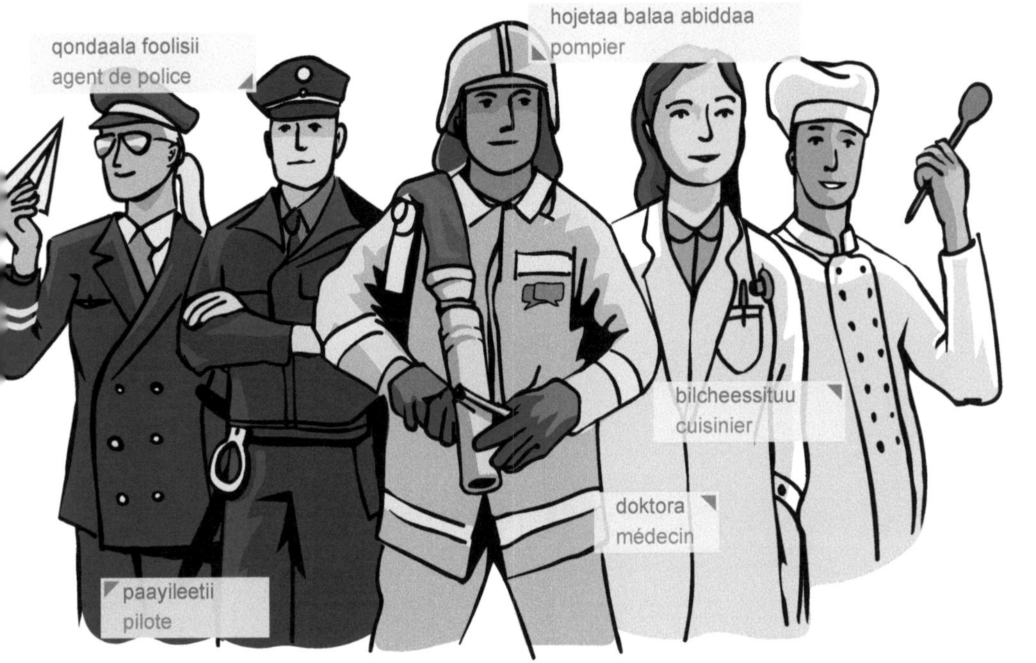
qondaala foolisii
agent de police
hojetaa balaa abiddaa
pompier
bilcheessituu
cuisinier
doktora
médecin
paayileetii
pilote

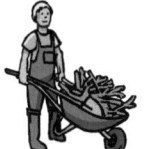

waardiyyaa

jardinier

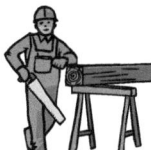

ogeessa mukaa

menuisier

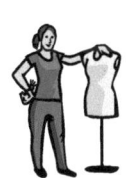

ooftuu jabalaa

couturière

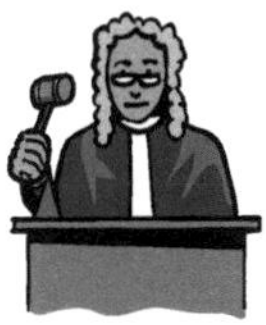

abbaa seeraa

juge

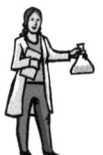

keemistii

chimiste

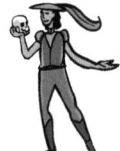

ta'aa

acteur

konkolaachisaa

conducteur de bus

konkolaachisaataaksii

chauffeur de taxi

qurxumii kiyyeessaa

pêcheur

qulqulleessituu

femme de ménage

hojetaa baaxii

couvreur

keessummeessaa

serveur

adamisituus

chasseur

halluu dibduu

peintre

tolchituu

boulanger

elektrishaana

électricien

ijaaraa

ouvrier

injinara

ingénieur

mana foonii

boucher

hjjetaa ujummoo

plombier

poostaa geessituu

facteur

raayyaa

soldat

arkteektii

architecte

qarshi qabduu

caissier

abaaboo gurgurtuu

fleuriste

dabbasaa murtuu

coiffeur

kondaaktara

contrôleur

makaanika

mécanicien

kaappiteenii

capitaine

hakiima ilkee

dentiste

saayntiistii

scientifique

rabbi

rabbin

imaama

imam

moloskee

moine

luba

prêtre

meeshaalee

outils

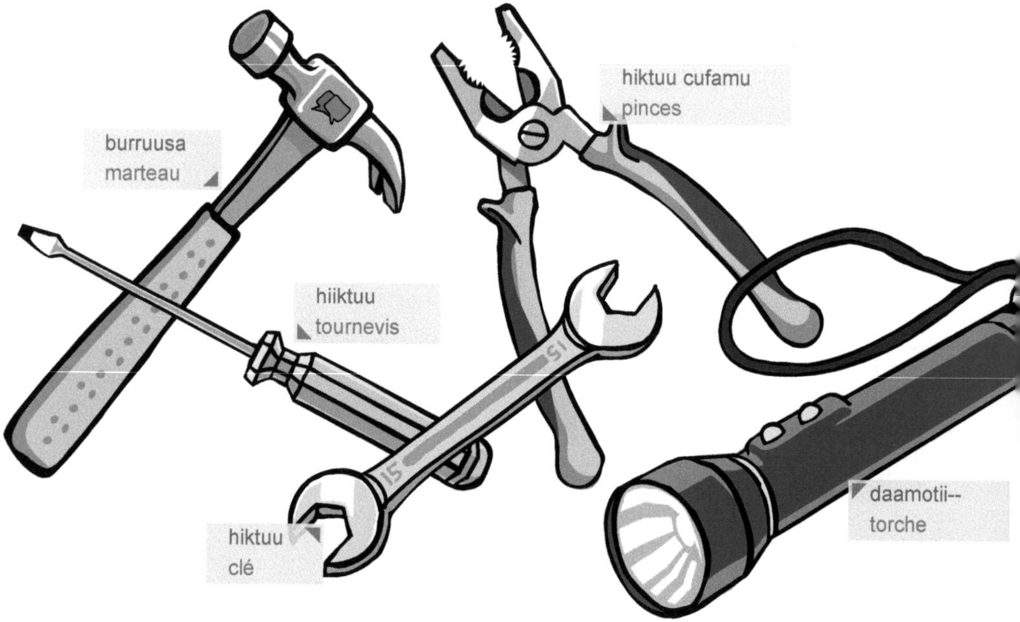

burruusa
marteau
hikituu cufamu
pinces
hiiktuu
tournevis
hiktuu
clé
daamotii--
torche

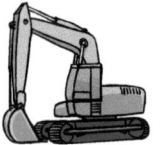

gasoo

pelleteuse

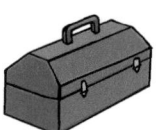

saanduqa meeshhalee

boîte à outils

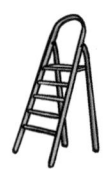

kortoo

échelle

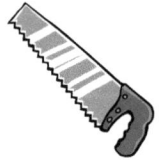

magaazii

scie

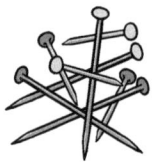

bismaara

clous

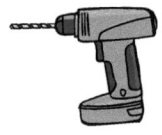

diriilii

perceuse

suphuu
réparer

akaafaa
pelle

dhaabi
Mince !

gataa balfaa
pelle

qodaa haalluu
pot de peinture

hiktuu
vis

meeshaalee muuziqaa
instruments de musique

teessoo dibbee
batterie

sagalee guddistuu
haut-parleurs

gitaara
guitare

sagalee baay'ee xiqqaa
contrebasse

tiraampeetii
trompette

piyaanoo

piano

vaayoolinii

violon

sagalee xiqqaa

basse

timpaanii

timbales

dibbee

tambour

kiiboordii

piano électrique

saaksi foona

saxophone

ulullee

flûte

may craafoona

microphone

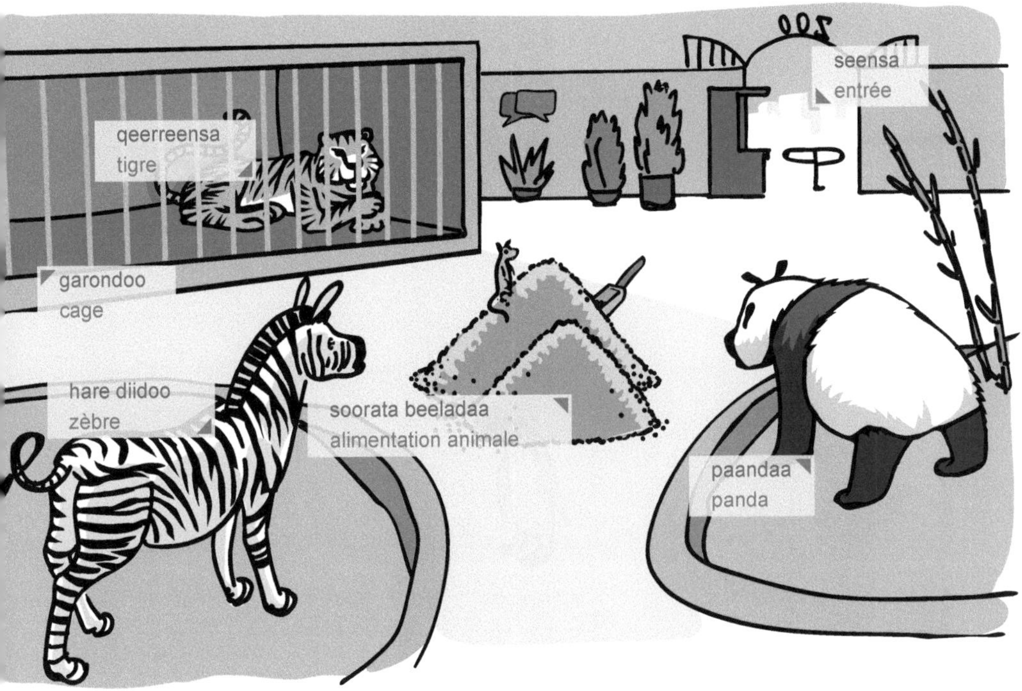

seensa
entrée

qeerreensa
tigre

garondoo
cage

hare diidoo
zèbre

soorata beeladaa
alimentation animale

paandaa
panda

beeladoota
animaux

arba
éléphant

kaangaaroo
kangourou

warseesa
rhinocéros

jaldeessa guddaa
gorille

godaa
ours

gala
chameau

guchii
autruche

leenca
lion

jaldeessa
singe

fiilaamingoo
flamand rose

simbira dubbattu
perroquet

diibii poolarii
ours polaire

peengyuunii
pingouin

shaarkii
requin

piikookii
paon

bofa
serpent

qocaa
crocodile

eegaa zoo
gardien de zoo

chaappaa
phoque

sanyii qeerensaa
jaguar

farda gabaabduu

poney

sanyii qeerrensaa

léopard

roobii

hippopotame

sattaawwaa

girafe

culullee

aigle

ifaannaa

sanglier

qurxummii

poisson

qocaa galaanaa

tortue

beelada bishaan keessaa

morse

sardiida

renard

godaa

gazelle

kubbaa miilaa ameerikaa
american Football

dargmmii bishkilileettaa
cyclisme

teenisa
tennis

kubba kaachoo
basket-ball

bishaan daakkaa
natation

sigigoo cabbie
hockey sur glace

aboottoo
boxe

kubbaa miilaa

football

baadmentanii

badminton

atileetii

athlétisme

kubba harkaa

handball

skiing

ski

pooloo

polo

utaalcha
sauter

hammachuu
embrasser

kolfa
rire

deemuu
marcher

sirbuu
chanter

abjuu
rêver

kadhannaa
prier

dhungoo
faire la bise

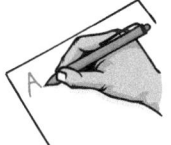

barreessuu

écrire

fakkii kaasuu

dessiner

agrsiisuu

montrer

dhiibuu

pousser

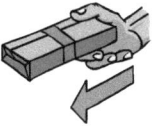

kennuu

donner

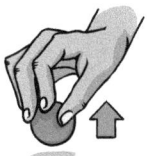

fudhachuu

prendre

qabaachuu

avoir

gochuu

faire

ta'uu

être

dhaabbachuu

être debout

kaachuu

courir

harkisuu

trier

darbachuu

jeter

kufuu

tomber

soba

être couché

eeguu

attendre

baachuus

porter

taa'uu

être assis

uffachuu

s'habiller

rafuu

dormir

dammaquu

se réveiller

ilaaluu

regarder

iyyuu

pleurer

dhiibbaa dhiigaa

caresser

filuu

peigner

haasa'uu

parler

hubachuu

comprendre

gaafachuu

demander

dhggeeffachuu

écouter

dhuguu

boire

nyaachuu

manger

ol kaasuu

ranger

jaalala

aimer

bilcheessuus

cuire

oofuu

conduire

barrisuu

voler

jabalan

faire de la voile

heerregii

calculer

dubbisuu

lire

baruumsa

apprendre

hojjechuu

travailler

fuudha

se marier

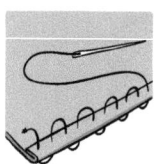

hodhuu

coudre

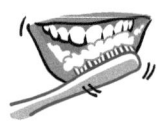

ilkaan rigachuu

brosser les dents

ajjeecha

tuer

xuuxuu

fumer

erguu

envoyer

warra
famille

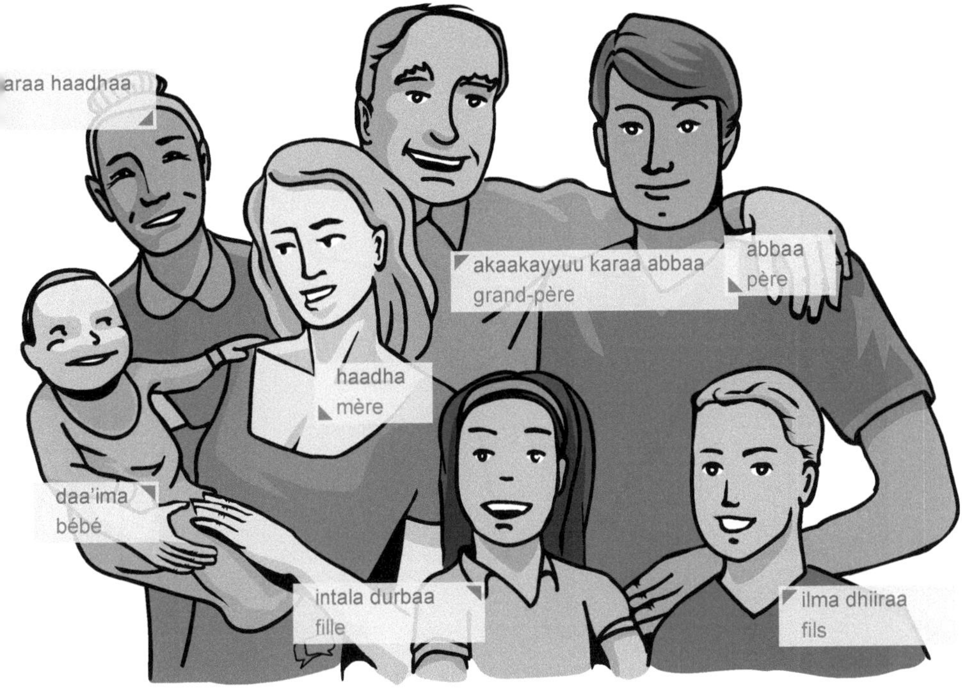
araa haadhaa
akaakayyuu karaa abbaa
grand-père
abbaa
père
haadha
mère
daa'ima
bébé
intala durbaa
fille
ilma dhiiraa
fils

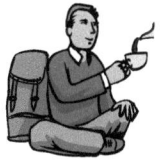

keessummaas

hôte

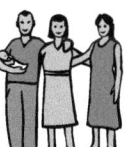

adaadaa

tante

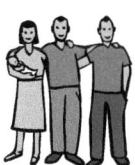

eessuma

oncle

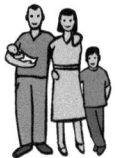

obboleessa

frère

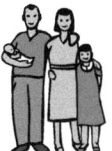

obboleettii

sœur

qaama

corps

adda
front
ija
œil
ceekuu
épaule
quba
doigt
fuula
visage
igicii
menton
harka
main
luka
jambe
harma
poitrine
irree
bras

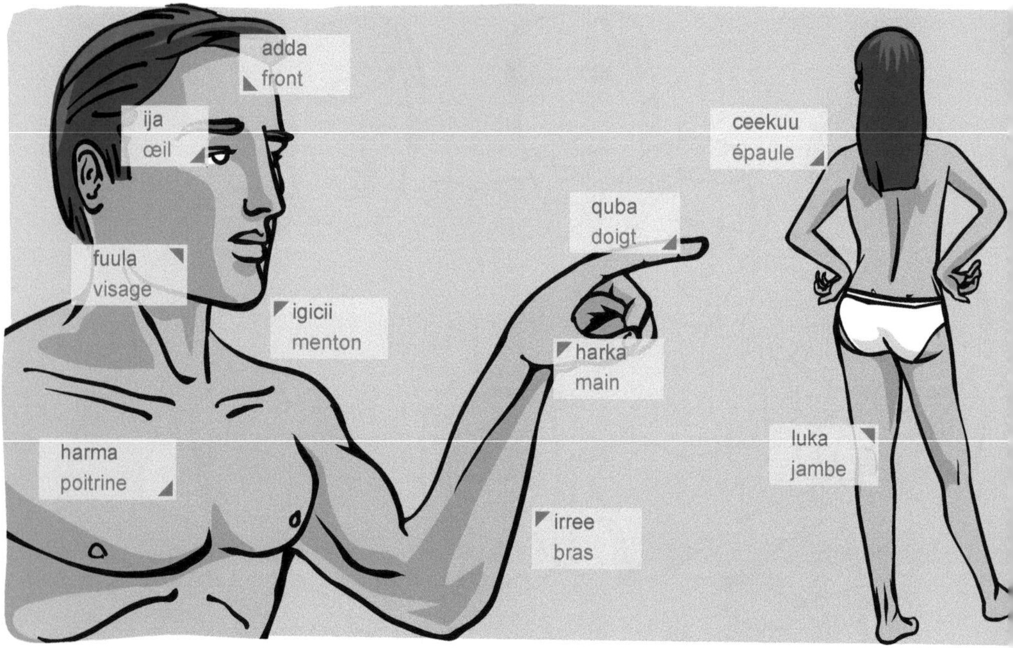

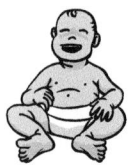

daa'ima

bébé

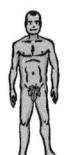

nama

homme

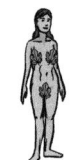

dubartii

femme

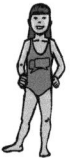

durba

fille

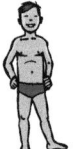

mucaa

garçon

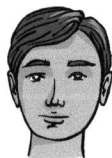

mataa

tête

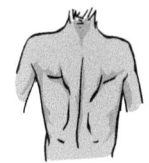

duuba

dos

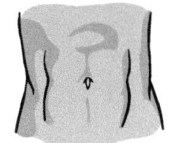

godhami

ventre

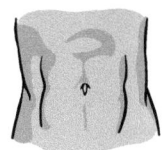

belly button

nombril

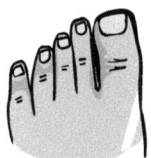

qubq miilaa

orteil

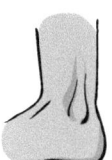

koomee

talon

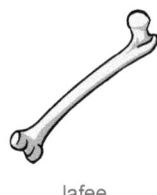

lafee

os

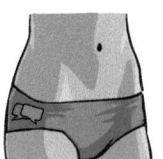

dirra

hanche

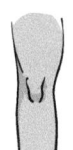

jilba

genou

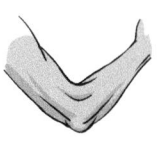

ciqilee

coude

fuunyaan

nez

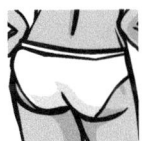

jala

fesses

gogaa

peau

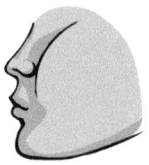

boqoo

joue

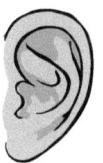

gurra

oreille

hidhii

lèvre

afaan

bouche

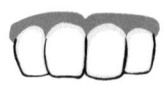

ilkee

dent

arraba

langue

sammuu

cerveau

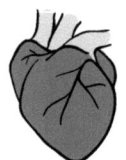

onnee

cœur

fon irree

muscle

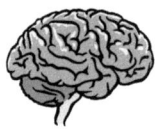

somba

poumons

tiruu

foie

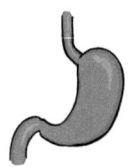

garaacha

estomac

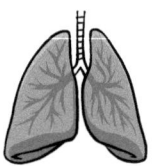

kaleewwan

reins

wal qunnamitii saalaa

rapport sexuel

kondomii

préservatif

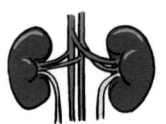

buphaa dubartii

ovule

mi'oo

sperme

ulfa

grossesse

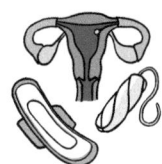

laguu ji'aa

menstruation

buqushaa

vagin

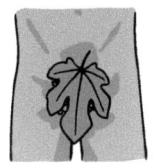

tuffee

pénis

laboobbaa ijaa

sourcil

rifeensa

cheveux

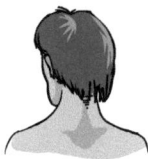

morma

cou

hospitaala
hôpital

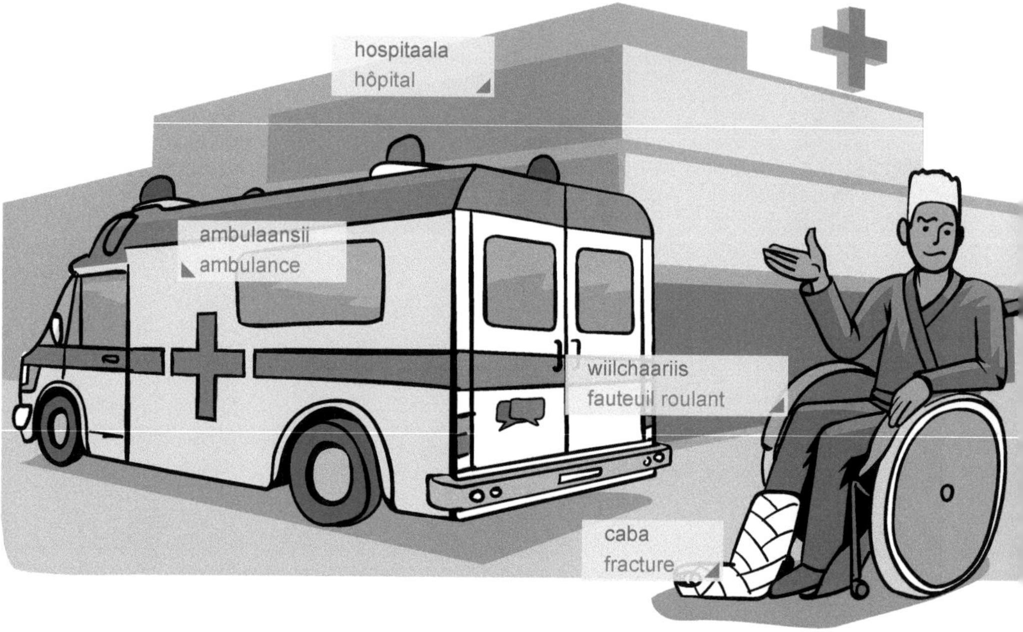

hospitaala
hôpital
ambulaansii
ambulance
wiilchaariis
fauteuil roulant
caba
fracture

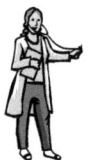

doktora

médecin

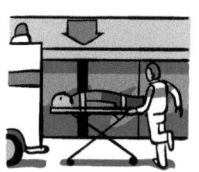

kutaa hatattamaa

service des urgences

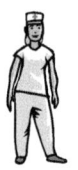

narsii

infirmière

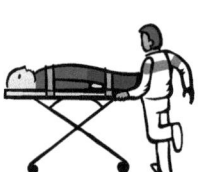

hatattama

urgence

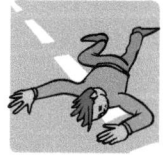

kan hin dammaqin

inconscient

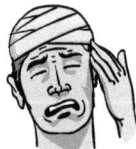

dhukkubbii

douleur

miidhhaa

blessure

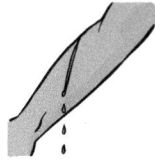

dhiiguu

hémorragie

dhukkuba onnee

crise cardiaque

baay'ina dhiigaa

attaque cérébrale

hooqxoo

allergie

qufaa

toux

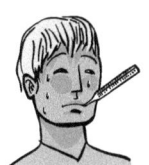

oo'aa qaamaa

fièvre

qufaa

grippe

baasaa

diarrhée

bowoo mataa

mal de tête

kaansarii

cancer

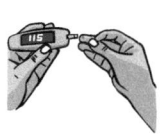

dhibee sukkaaraa

diabète

baqaqsanii hodhuu

chirurgien

halbee

scalpel

hojii

opération

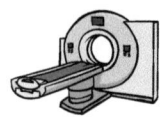

CT

CT

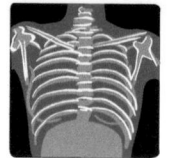

raajii

radiographie

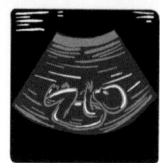

aaltraasaawandii

échographie

haguuggii fuuiaa

masque

dhukkuba

maladie

kutaa haar galfii

salle d'attente

hirkannaa

béquille

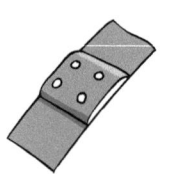

pilaastara

pansement

baandeejii

pansement

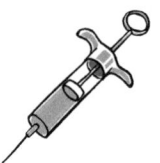

limmoo waraanuu

injection

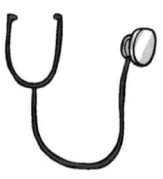

isteetskooppi

stéthoscope

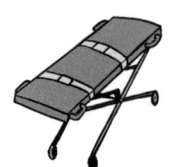

siree dhukkubsataa

brancard

termoo meetira klinikaa

thermomètre

dhaloota

accouchement

ulfaatinaa ol

surcharge pondérale

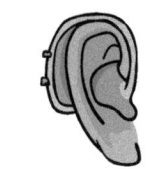

gargaaraa dhageettii

appareil auditif

qoricha aramaa

désinfectant

miidhama keessaa

infection

vaayirasa

virus

ECH AAIVII / EEDSII

VIH / sida

qoricha

médicament

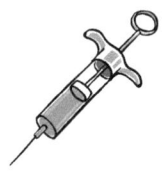

talaallii

vaccination

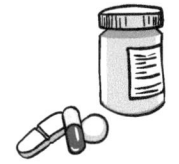

kiniinii

comprimés

kiniinii

pilule

waamicha hatattamaa

appel d'urgence

too'attuu dhiibbaa dhiigaa

tensiomètre

dhukkuba / fayyaa

malade / sain

gargaarsa!

Au secours !

alaarmiis

alarme

weerara

assaut

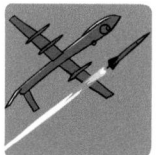

miidhuu

attaque

suukaneessaa

danger

baha hatattamaa

sortie de secours

abidda

Au feu!

abidda dhaamisituu

extincteur

balaa

accident

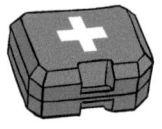

saanduqa gargaasa calqabaa

trousse de premier secours

Sii'oosii

SOS

foolisii

police

awurooppaa

Europe

ameerikaa kabaa

Amérique du Nord

ameerikaa kibbaa

Amérique du Sud

afrikaa

Afrique

eesiyaa

Asie

awustraaliyaa

Australie

atilaantik

Océan atlantique

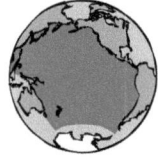

paasfiik

Océan pacifique

galaana hindii

Océan indien

galaana antaartikaa

Océan antarctique

galaana arkitiik

Océan arctique

polii kaabaa

pôle nord

polii kibbaa

pôle sud

antaartikaa

Antarctique

dachee

terre

dachee

pays

garba

mer

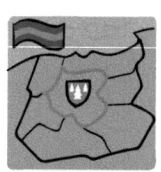

odola

île

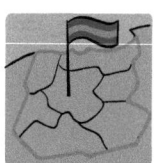

lammii

nation

kutt biyyaa

état

clock face

cadran

sa'aatii kana

aiguille des heures

daqiiqaa kana

aiguille des minutes

moofaa

aiguille des secondes

yeroon meeqa ta'ee?

Quelle heure est-il ?

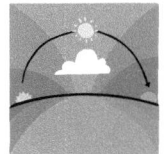

guyyaa

jour

yeroo

temps

amma

maintenant

sa'aatii diiskoo

montre digitale

daqiiqaa

minute

sa'aatii

heure

torbee
semaine

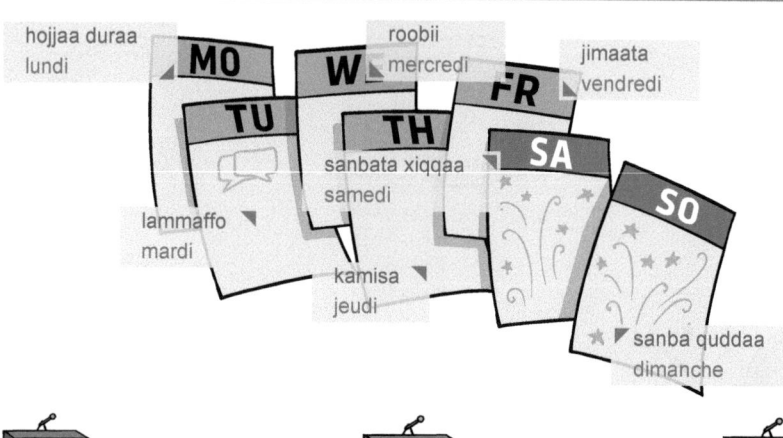

hojjaa duraa
lundi

roobii
mercredi

jimaata
vendredi

lammaffo
mardi

sanbata xiqqaa
samedi

kamisa
jeudi

sanba quddaa
dimanche

kaleessa

hier

har'a

aujourd'hui

boru

demain

ganama

matin

guyyaa qixxee

midi

galgala

soir

guyyaa hojii

jours ouvrables

dhuma forbee

week-end

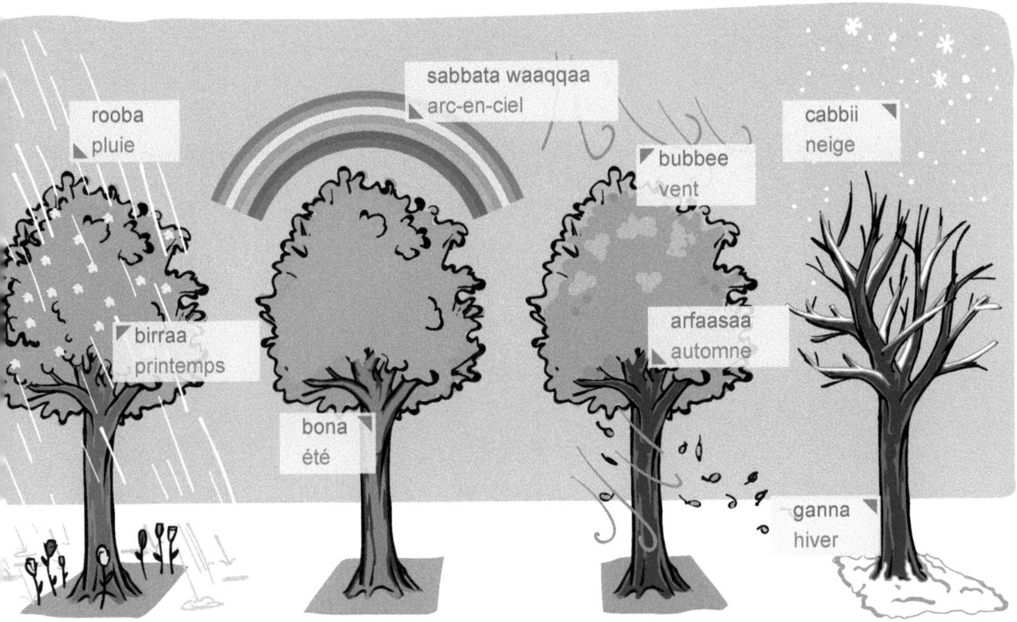

rooba
pluie

sabbata waaqqaa
arc-en-ciel

cabbii
neige

bubbee
vent

birraa
printemps

arfaasaa
automne

bona
été

ganna
hiver

4.APRIL	11°	
5.APRIL	4°	
6.APRIL	13°	
7.APRIL	8°	
8.APRIL	10°	

raaga haala qileensaa
....
météo

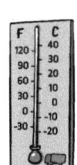

teermoomeetirii
....
thermomètre

baha aduu
....
lumière du soleil

duumessa
....
nuage

hurii
....
brouillard

jiidha
....
humidité

bakakkaa

foudre

balaqqee

tonnerre

dirrisa

tempête

cabbii

grêle

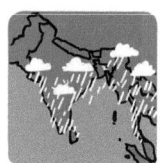

monsoon

mousson

lolaa

inondation

cabbie

glace

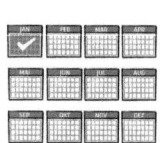

Amajjii

janvier

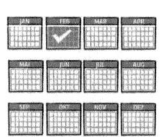

Gurraandhala

février

Bitootessa

mars

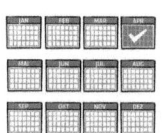

Eebila

avril

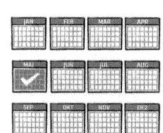

Caamsaa

mai

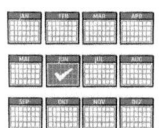

Waxabajji

juin

Adooleessa

juillet

Hagayya

août

waggaa - année

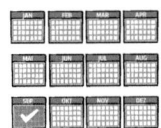

Fulbaana

septembre

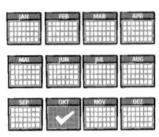

Onkololeessa

octobre

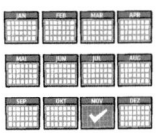

Sadaasa

novembre

Muddee

décembre

geengoo

cercle

isqeerii

carré

rog arfee

rectangle

rg sadee

triangle

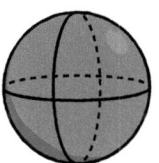

molaalee

sphère

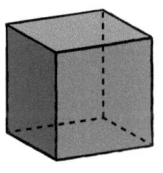

kuubii

cube

adii

blanc

boora

jaune

keelloo

orange

boorilee

rose

diimaa

rouge

bunnii

violet

cuqliisa

bleu

magariisa

vert

magaala

marron

bulee

gris

gurraacha

noir

baay'ee / xiqqoo

beaucoup / peu

aara / gammachuu

fâché / calme

bareeda / fokkuu

joli / laid

calqaba / xumuura

début / fin

guddaa / xiqqaa

grand / petit

ifa / dukkana

clair / obscure

obboleessa / obboleettii

frère / soeur

qulqulluu / xurii

propre / sale

xumuuramaa / kan hin xumuuramin

complet / incomplet

guyyaa / halkan

jour / nuit

du'aa / jiraa

mort / vivant

bal'aa / dhiphaa

large / étroit

kan nyaatamu / kan hin nyaatamne

comestible / incomestible

badd / gaarii

méchant / gentil

gammachuu / ifannaa

excité / ennuyé

furdaa / qal'aa

gros / mince

calqaba / dhuma

premier / dernier

michuu / diina

ami / ennemi

guutuu / duwwaa

plein / vide

sakoruu / lalllaafaa

dur / souple

ulfaataa / salphaa

lourd / léger

beeluu / dheebuu

faim / soif

dhukkuba / fayyaa

malade / sain

seer malee / seera qabeessa

illégal / légal

gaanfuree / dabeessa

intelligent / stupide

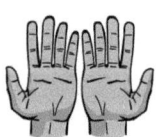

bitaa / mirga

gauche / droite

maddii / fagoo

proche / loin

haara'a / moofaa

nouveau / usé

homma / waan tokko

rien / quelque chose

jaarsa / dargaggeessa

vieux / jeune

ibsuu / dhaamsuu

marche / arrêt

banuu / cufuu

ouvert / fermé

callisuu / sagalee olkaasuu

faible / fort

sooressa / hiyyeessa

riche / pauvre

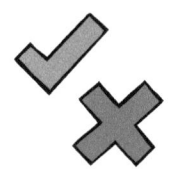

sirrii / dogongora

correct / incorrect

sokorruu / lallaafaa

rugueux / lisse

aara / gammachuu

triste / heureux

dheeraa / gabaabaa

court / long

qususaa / collee

lent / rapide

jiidhaa / goggogaa

mouillé / sec

oo'aa / qorraa

chaud / froid

lola / nagaa

guerre / paix

lakkoofsota

nombres

0

duwwaa

zéro

1

tokko

un / une

2

lama

deux

3

sadis

trois

4

afur

quatre

5

shan

cinq

6

jaha

six

7

torba

sept

8

saddeet

huit

9

sagal

neuf

10

kudhan

dix

11

kudha tokko

onze

12

kudha lama

douze

13

kudha sadi

treize

14

kudha afur

quatorze

15

kudha shan

quinze

16

kudha jaha

seize

17

kudha torba

dix-sept

18

kudha saddeet

dix-huit

19

kudha sagal

dix-neuf

20

diigdama

vingt

100

dhibba

cent

1.000

kuma

mille

1.000.000

maliyoona

million

Ingiliffa

anglais

Ingiliffa Ameerikaa

anglais américain

Mandarinii chaayinaa

chinois mandarin

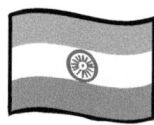

Afaan Hindii

hindi

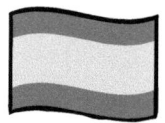

Afaan Speen

espagnol

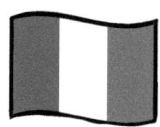

Afaan Faransaay

français

Afaan Arabaa

arabe

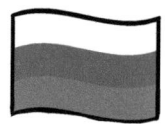

Afaan Raashaa

russe

Afaan Poortugaal

portugais

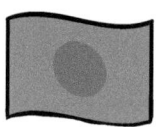

Afaan Beengaal

bengali

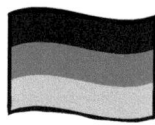

Afaan Jarman

allemand

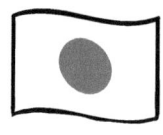

Afaan Jaappaan

japonais

ana
....
je

si
....
tu

isa / ishii / isa / wantootaf
....
il / elle / ce, c', cela

nu'ii
....
nous

isin
....
vous

isan
....
ils / elles

eenyuu?
....
Qui ?

maal?
....
Quoi ?

akkamitti
....
Comment ?

eessa?
....
Où ?

hoom?
....
Quand ?

maqaa
....
nom

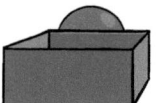

duuba

derrière

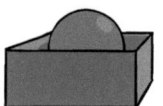

keessa

dans

fuldura

devant

irra

au-dessus

gubbaa

sur

jala

en-dessous

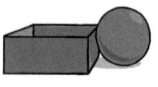

maddii

à côté de

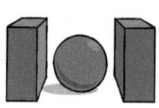

gidduu

entre

bakkee

lieu